我是未来科学家
THE YOUNG SCIENTIST

主　编——袁岚峰
执行主编——张周项

不可限量的微观秘境

袁岚峰——著
大　鱼——绘

CTS K 湖南科学技术出版社·长沙

推荐序

亲爱的孩子们，当我翻开《我是未来科学家》这套书时，我仿佛看到了科学的无限可能，也看到了你们充满好奇和渴望知识的眼睛。科学，是一场永无止境的探险。小时候在乡村的生活，让我受到了大自然的熏陶和感染，对科学好奇的种子或许那时就已经萌发。然而，我的科学之旅，可以说是一本《化石》杂志开启的。那是我在高中时期，一次偶然的机会，班主任为我们订阅了这本杂志，它让我第一次近距离接触到地球与生命科学的世界。在科研的道路上，我经历了不少的挑战与困难，但我始终保持着那份对科学的好奇与热爱。

在21世纪的今天，科学的发展日新月异，科学不仅仅是实验室里的研究，它更是推动社会进步、改善人类生活的强大力量。前沿科学代表着科技发展的最先进部分，是推动社会进步和持续发展的重要力量。普及前沿科学，对于提高公众的科学素质、培养孩子的科学精神和创新意识具有重要意义。它不仅能够拓宽你们的科学视野，还能够激发你们对未知世界的探索欲望，为未来的科技创新储备人才。

这套书，就像是一扇通往科学世界的窗户，让你们能够窥见前沿科技的魅力。在《我是未来科学家》中，10位专家为孩子们呈现了人工智能、生命科学、能源开发、量子科技、虚拟世界、太空探索等10个领域的最新技术及原理、实际应用以及改变世界的力量，讲述了科学家奋斗的艰辛历程。这套书不仅展示了科技的巨大潜力，也为我们指明了未来发展和前进的方向。孩子们将在书中感受到，科学并非遥不可及，而是就在我们的生活中，只要我们用心去发现，就能找到它的踪迹，激励我们去追寻那些尚未被揭示的科学奥秘，去挑战那些看似不可能的问题。

孩子们，你们是科学的未来，是国家的希望。期待你们在阅读这套书的过程中，能够感受到科学的魅力，激发起对科学的热爱和追求。希望你们保持对科学的好奇心，勇于挑战未知，成为未来的科学家和创造者。

最后，我要感谢这套书的编创团队，他们用生动的语言和精彩的故事，为大家描绘了一个充满奇幻和奥秘的科学世界。我相信，在这套书的陪伴下，你们一定能够放飞科学的梦想，探索未知、创造未来！

中国科学院 周忠和

小朋友，你有没有幻想过，如果我们变得和蚂蚁一样小，所看到的微观世界会是什么样子呢？

我们最容易想象的是把整个宏观世界等比例缩小，就像在很多动画片里展示的那样。

《哆啦 A 梦》中就有个一头大一头小的隧道，大雄和静香从正常大小的通道进入，从另一头出来时就变得很小很小，他们在这个缩小的世界里看着胖虎和小夫就像看巨人一样。

但实际上，即使真有这样神奇的隧道，大雄他们也没办法无限缩小。

在我们这个真实的世界上，早在古希腊时期，哲学家德谟克利特就提出了一个观点：物质是由某种最小的颗粒组成的，他把这种最小的颗粒称为原子。

马克思在他的博士论文里研究的就是古希腊哲学家的原子论思想，这位革命导师不仅洞悉社会发展的规律，研究自然科学也是一把好手。

微观世界

从德谟克利特提出原子论到马克思时代的这2000多年间，人类因为技术限制并不能直接观测到微观世界，也就无法确定原子论是否正确。

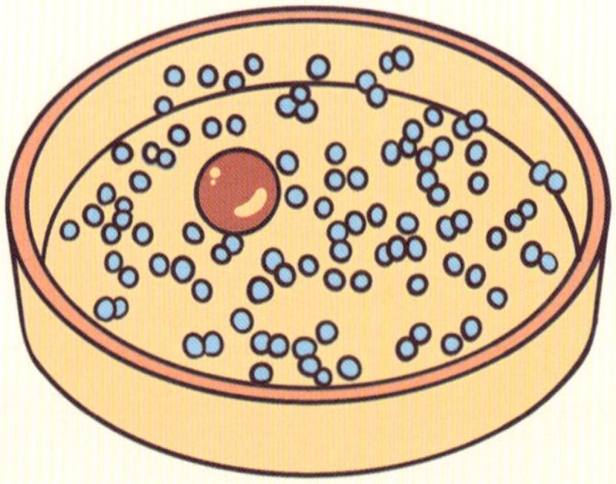

直到20世纪，人们才能通过做实验来确认原子的存在。科学家通过一种叫作“布朗运动”的现象，测出原子的大小，甚至通过扫描隧道显微镜在某种意义上看到它的形状。

小贴士

扫描隧道显微镜是一种高精度的扫描探针显微术工具，可以让科学家观察和定位单个原子。

古人认为原子是不可分割的最小单位，但现在我们知道原子仍然可以分。

实际上，原子是由原子核与围绕其运动的电子组成的，原子核又是由质子与中子组成的，质子和中子又是由更基本的粒子——夸克和胶子组成。

小小的原子有大大的乾坤，比古代哲学家想象的一个个小球要复杂得多。

到了原子的微观层面上，就会发现那里的物理规律跟我们平时在宏观世界里看到的不太一样了。

比如，理论上一个原子核外边只有一个或者几个电子，但在我们的相机下它们却是以一团团云雾的形式出现。

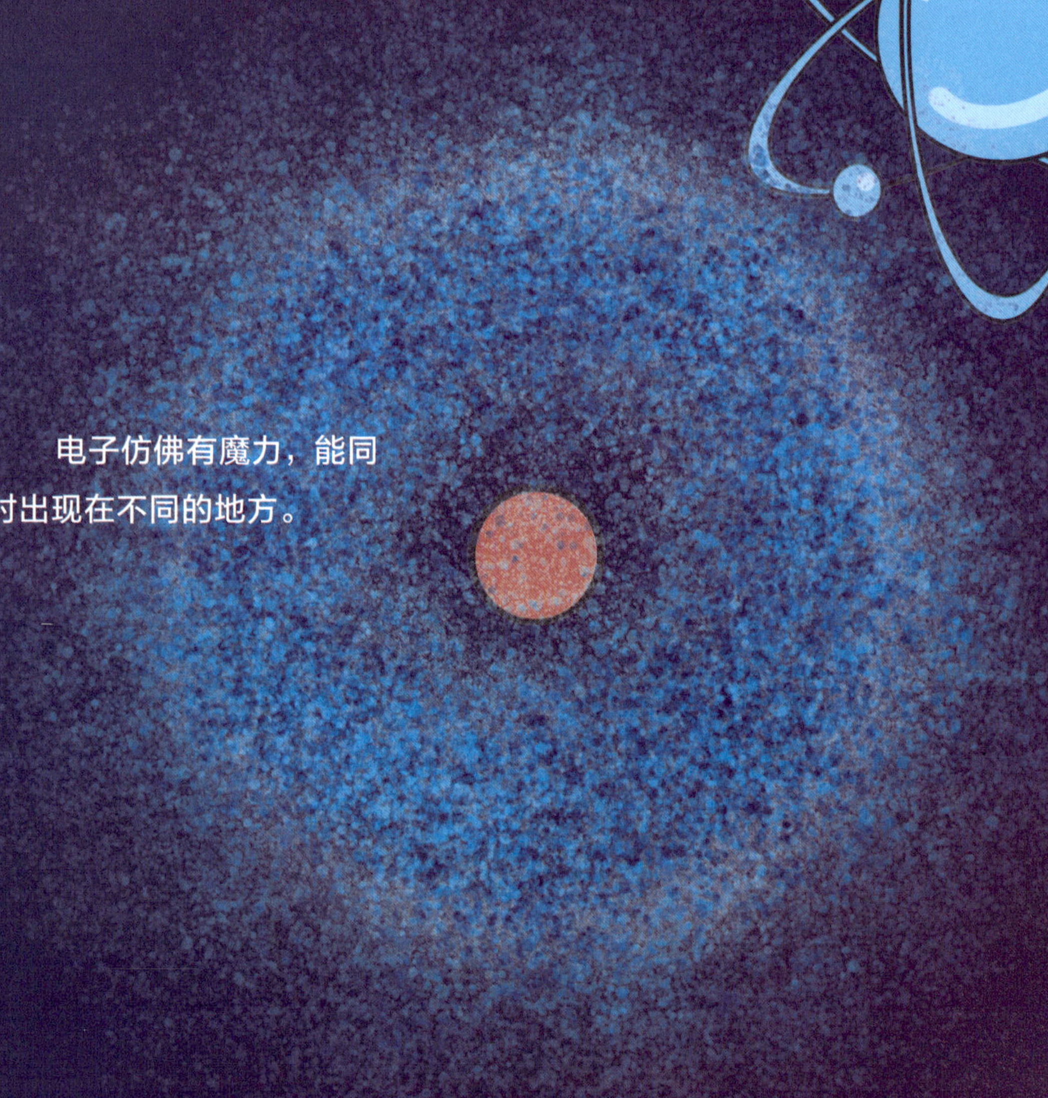

电子仿佛有魔力，能同时出现在不同的地方。

有一个反常的现象。

理论上，正负电荷像好朋友一样会相互吸引，那带负电的电子为什么能围绕带正电的原子核运动，而不会被它吸过去呢？

要解释微观世界的这些现象，就需要借助一套全新的物理理论——量子力学。

不要误解，量子跟电子、质子、中子不是同一类型的概念，它不是某种具体的粒子。如果某种事物只能不连续地变化，我们就说它是量子化的，而这些不连续变化的最小单元被称为量子。

量子力学之所以能解释原子的稳定性，是因为它指出原子中电子的能量是量子化的，只可以取某些非连续的值，但不能取这些值之间的值。

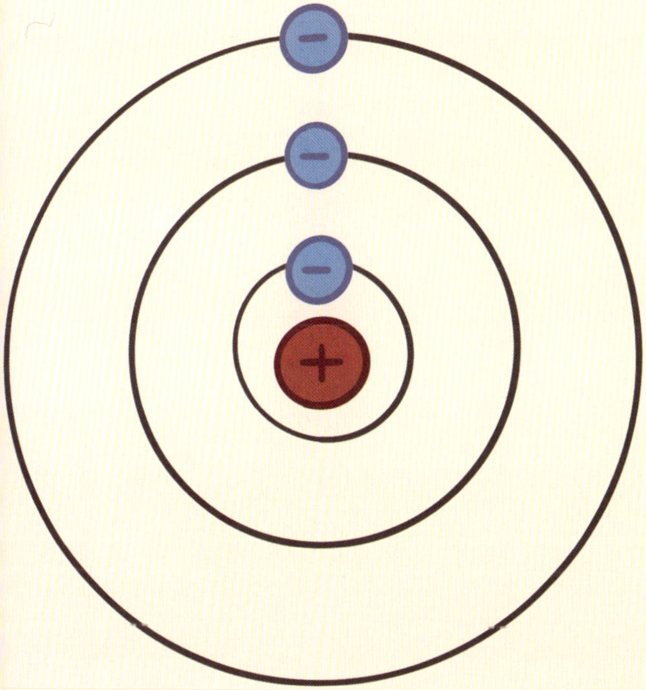

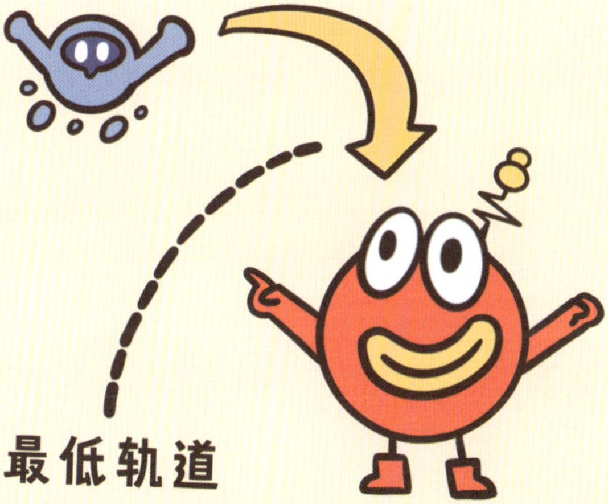

量子力学告诉我们，原子中电子的能量是量子化的，就像上台阶一样，一级一级的。电子只能待在一个特定的“台阶”上。如果电子掉到原子核里，其能量就变得超级低，比最低的“台阶”还要低，但这种事是不可能发生的。这样，量子力学就解释了原子的稳定性，万物都是由原子组成的，所以也就拯救了我们和周围的一切。

在微观世界中除了能量以外，还有很多性质是量子化的，例如质量、电荷、磁矩、角动量等。

实际上，在微观尺度上，量子化是一种常态，连续变化才是罕见的。这跟宏观世界正好相反，所以这门学科叫作量子力学。

量子力学的创始人是德国物理学家马克斯·普朗克。

1900 年，普朗克在研究一种叫作黑体辐射的现象时，首次发现大自然中存在量子化的性质。

黑体辐射

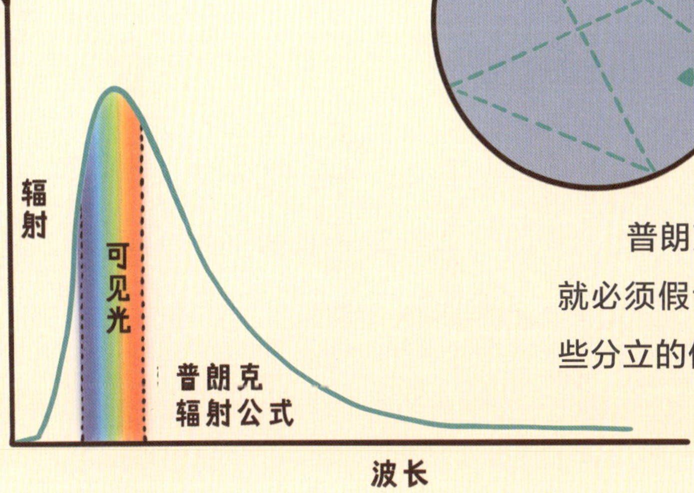

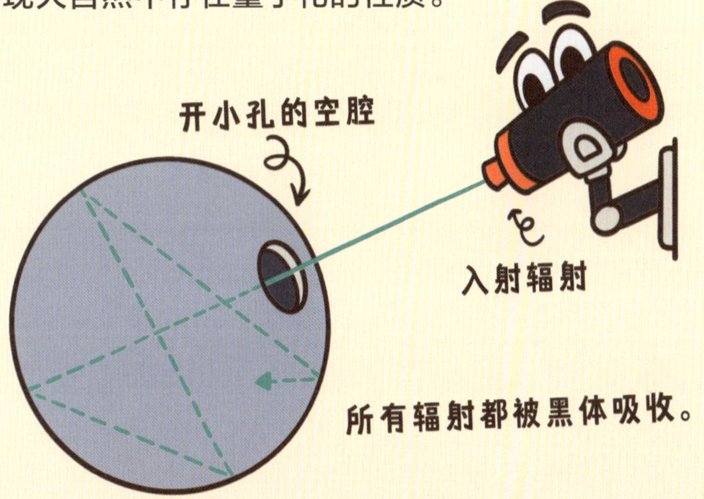

普朗克发现，要解释黑体辐射的能量谱，就必须假设：黑体辐射发出的能量只能取一些分立的值，而不能取这些值之间的值。

这个发现令普朗克十分震惊，在此后的 10 多年里，他还多次想推翻这个假设，希望不用它也能解释实验现象，但每次尝试都以失败告终。

最后他不得不承认，大自然的本质就是这样，量子化是一个真实存在的现象。

普朗克因为这项重要发现，获得了 1918 年的诺贝尔物理学奖。

在普朗克之后，还有很多科学家对量子力学理论做出了重要贡献，如爱因斯坦、德布罗意、海森伯、薛定谔、狄拉克、玻尔、泡利等。

他们都因其对量子力学的贡献，获得了诺贝尔奖。众所周知，爱因斯坦最为人所知的成就是相对论，但他居然是因为在量子理论方面成功解释了“光电效应”而获得诺贝尔奖的！

那么，量子力学究竟有什么用呢？难道只能用来观察原子、光子、电子吗？当然不是的。让我们来举一个日常生活中的例子——电。

有一个理论叫自由电子理论，即有些物质能导电，是因为其中的电子是自由的，可以跑来跑去，因此能够产生电流；有些物质不导电，是因为其中的电子是不自由的，像被绑住了一样，所以电就无法流通。

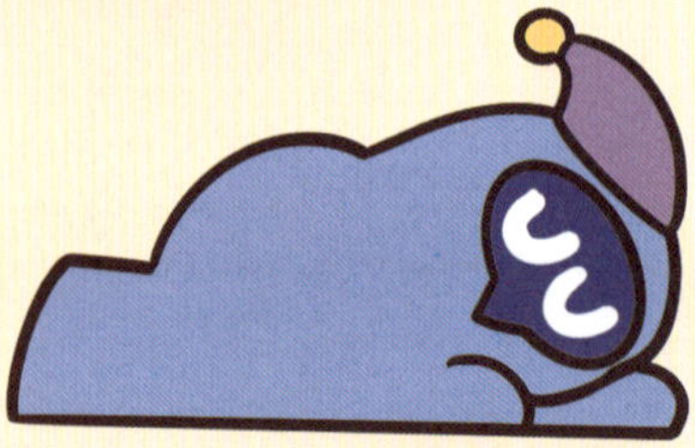

但这个理论没有预测能力。面对一种新的物质，我们无法利用此理论知道它的电子是自由的还是不自由的。

真正强大的理论，是在 20 世纪 20 年代末科学家基于量子力学提出的“能带理论”。

它可以解释为什么铜和铁能导电，而木头和塑料不导电，还可以预测任何新的物质能不能导电。

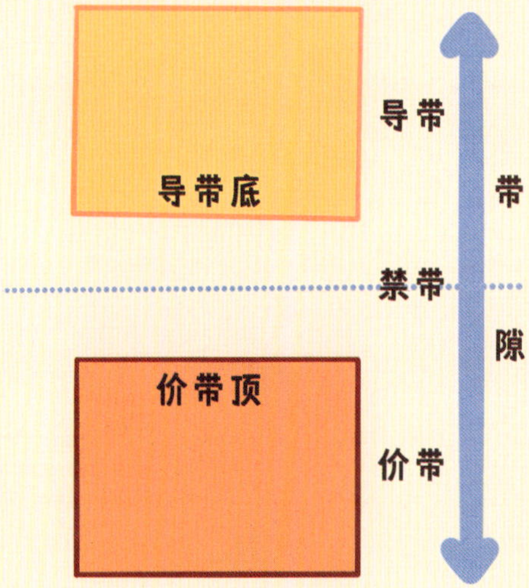

想象一下，电子们像孩子一样在物质里面玩耍，在有些地方它们可以自由自在地跑来跑去，就像是在一个大操场上；而在另一些地方，它们却被紧紧地绑在座位上，不能动弹。能带理论告诉我们，电子能不能自由移动的关键，在于它们玩耍的地方有没有“带隙”。

小贴士

无带隙：在铜和铁这类物质中，它们的电子活动的地方没有带隙，电子只需极少的能量就能跳到上一个能级去，所以它们就是导体，能让电流通过。

有带隙：在木头和塑料等物质中，它们的电子活动的地方有带隙，电子至少要有带隙这么多的能量才能跳到上一个能级去，所以它们就是绝缘体，电流无法通过。

不但如此，能带理论还预测了一类新物质的存在，它可以在导电和不导电之间方便地切换，这种物质被科学家们称为半导体。

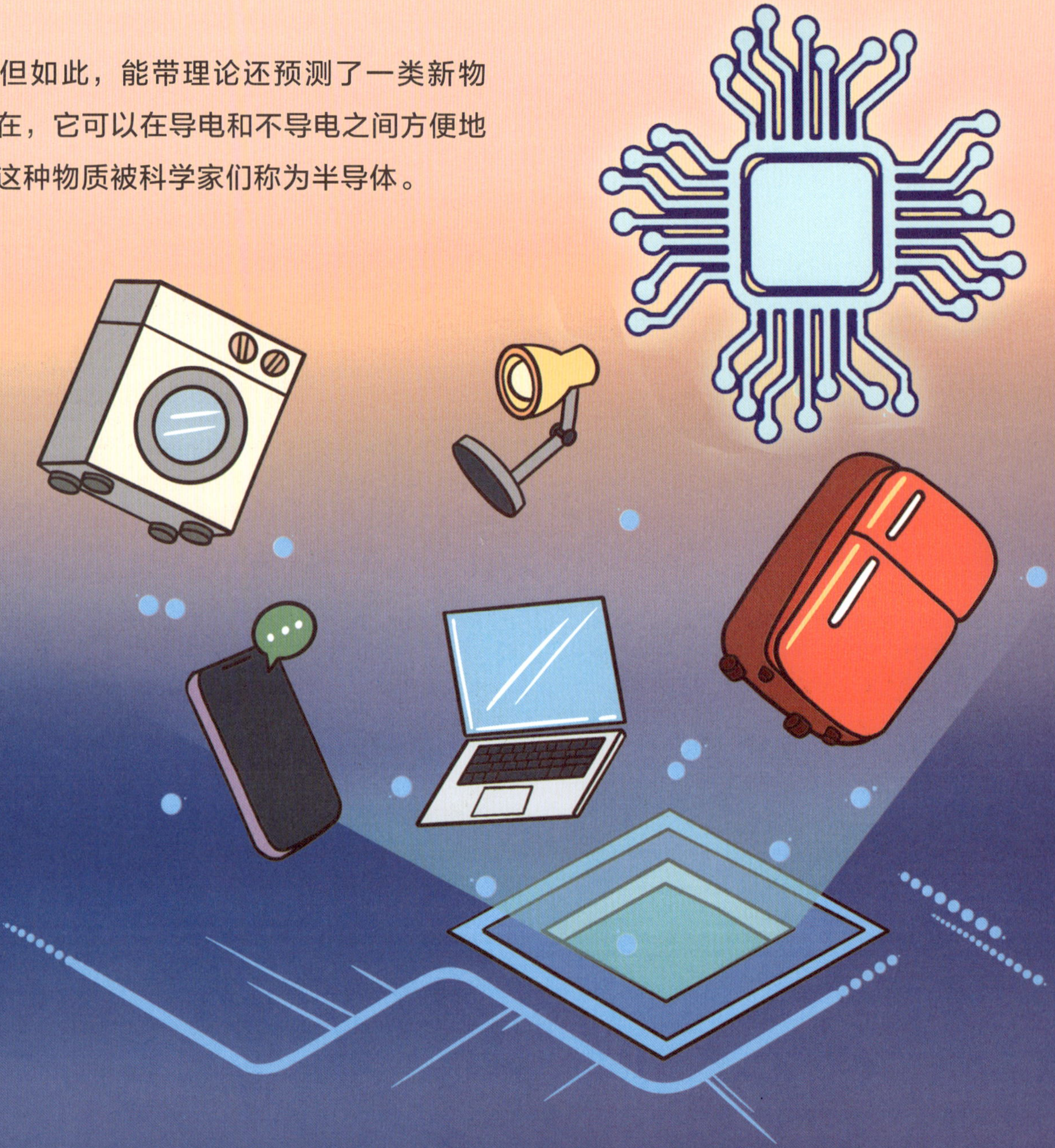

整个芯片产业就是建立在半导体的基础之上。而我们的手机、电脑、台灯、冰箱、洗衣机等都是以芯片来实现精准控制，因此，可以说整个信息社会都是以量子力学为基础。

还有一种更神奇的物质，被称为超导体。

超导是指某些物质在冷却到某个温度以下时，电阻会突然变成零的现象。超导现象是在 1911 年被发现的，解释它的理论（BCS 理论）直到 1957 年才建立起来，但后来又发现了超越 BCS 理论的超导现象，对这一现象的解释直到现在都没有实现。

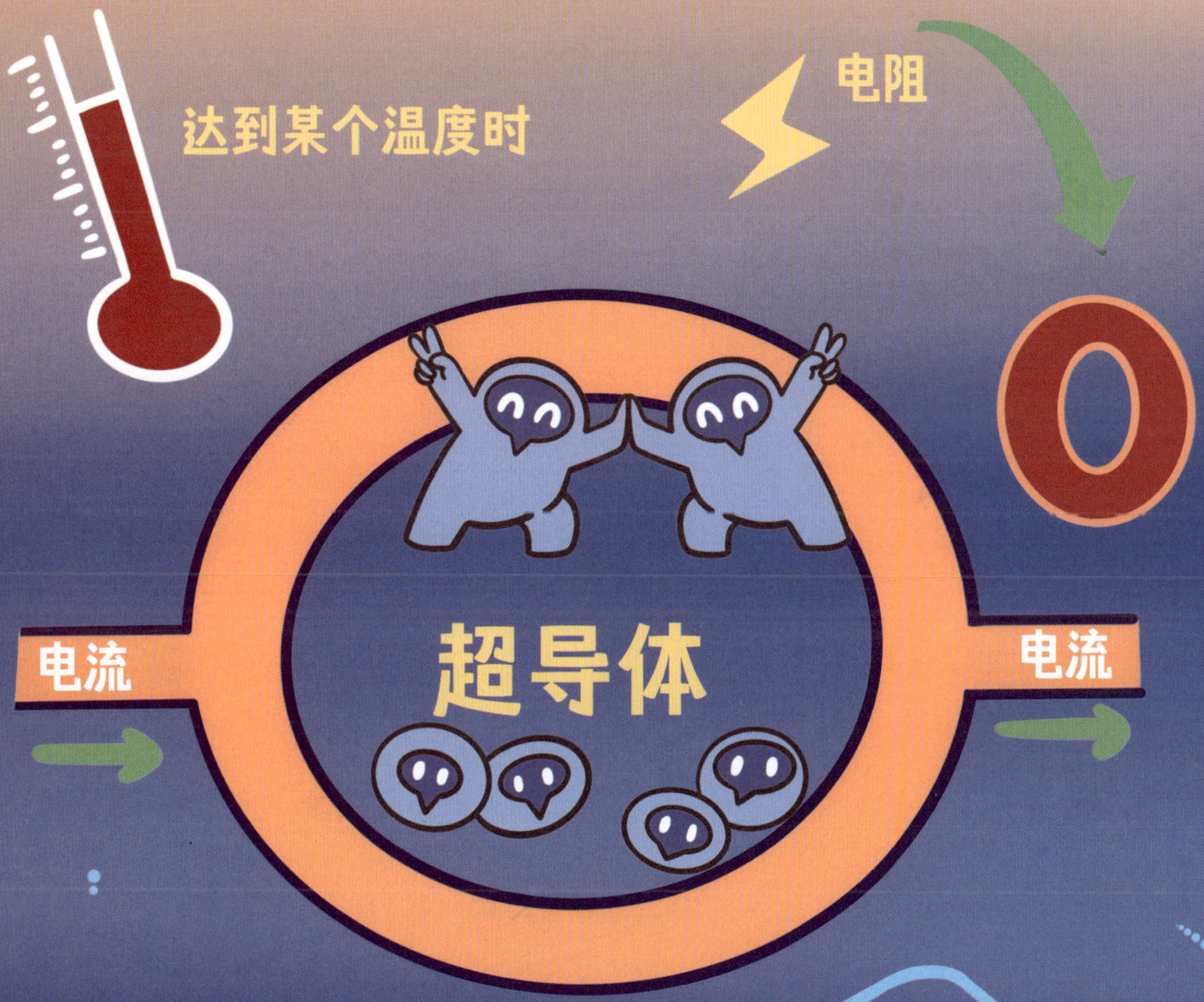

实际上，现代社会的绝大部分技术都是基于量子力学发展起来的。

激光的基础是受激辐射，即一个处于高能态的原子在附近有一个合适能量的光子经过时，会跳到低能态，并释放出一个跟入射光子相同能量的光子。这种特性能使激光产生高度集中、单色性好的光束。

受激辐射

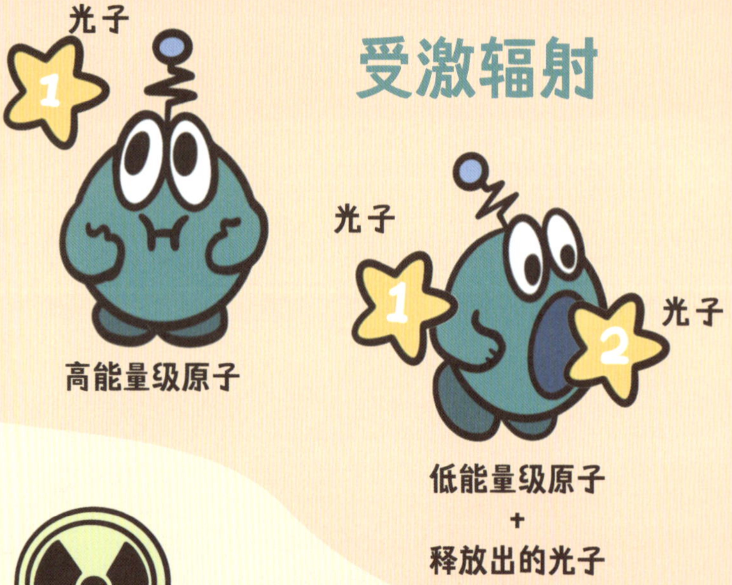

核武器

核电厂

核能的基础是原子核反应，包括核裂变与核聚变。量子力学能帮助科学家理解原子核内部的复杂结构，为核能研究提供理论基础。

发光二极管（LED）的基础是，当电子在两个能级之间跳跃时会释放能量并发出光。这束光的颜色完全由两个能级之间的能量差决定。

因此可以说，如果没有量子力学，现代社会就不会存在。

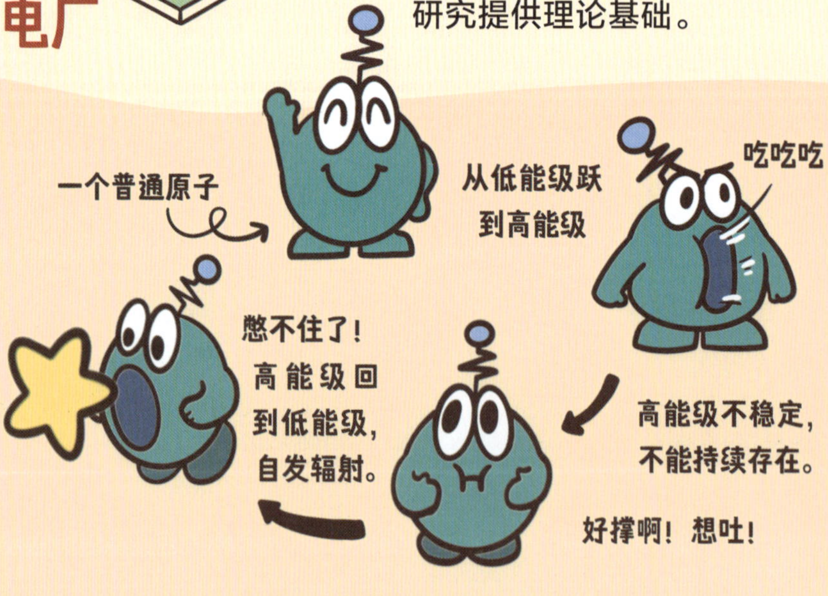

这些成果，被称为第一次量子革命，这些技术操纵的都是大量粒子。

从 20 世纪 80 年代开始，我们进入了第二次量子革命。这个阶段主要关注的是量子信息领域，包括量子通信、量子计算和量子精密测量。

这指的是我们有了操纵单个粒子的手段和意识，由此可以充分挖掘单粒子的量子特性，不只是利用大自然已有的量子体系，还可以设计新的量子体系，做出很多不可思议的事情。

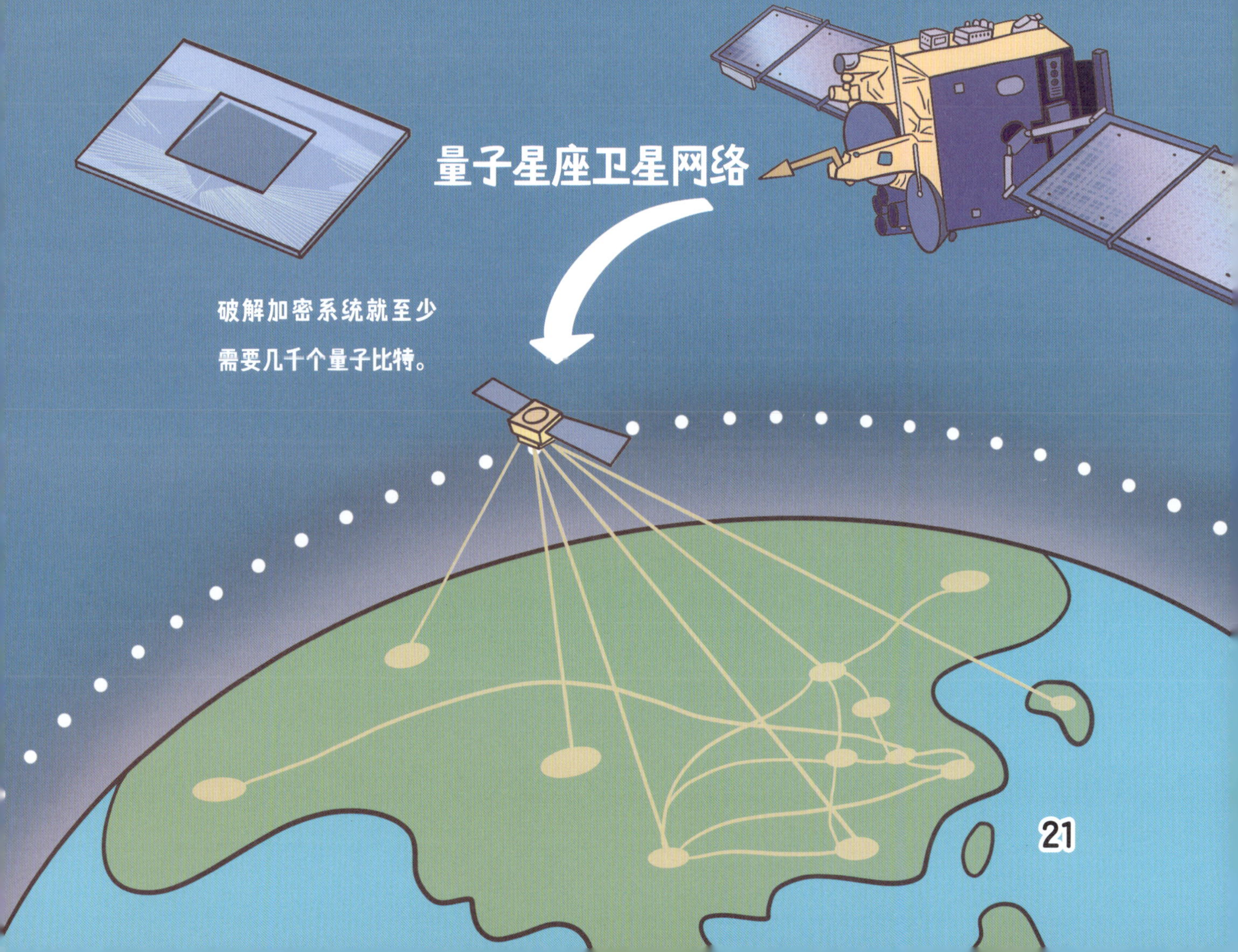

破解加密系统就至少需要几千个量子比特。

1993 年，有一位理论家提出了一种实验方案，叫作量子隐形传态。它可以把一个粒子的特殊状态传送到很远很远的另一个粒子上。

请注意，传送的是状态而不是粒子本身，就像是把一封信的内容传到另一个地方，而信纸还在原地。

1997 年，奥地利科学家塞林格和他的研究组第一次实现了量子隐形传态，这也是塞林格获得 2022 年诺贝尔物理学奖的重要原因。

因此，我们可以说传送术现在已经变成了一项真实的技术。理论上，它也可以传送更复杂的粒子体系，例如一块砖头，甚至一个人。

不过传送的难度随着粒子数量的增加会急剧加大，所以距离科幻作品中所展现的传送术，我们仍有很长的路要走。

下面我们来了解量子精密测量，顾名思义就是利用量子力学原理，帮助我们更准确地测量各种东西。

其中最常见的例子，就是我们每天都在用的卫星导航系统。

现在，几乎每台智能手机都可以用导航软件实现定位，这个看似魔幻的现象其背后的原理特别简单。

人类目前有四个全球卫星导航系统：中国的北斗，美国的 GPS，俄罗斯的格洛纳斯（GLONASS），欧洲的伽利略（GALILEO），每个系统都拥有很多卫星在天上飞来飞去。

卫星会向你的手机发送一束无线电波，测出这束无线电波到达你手机所需的时间，时间乘以无线电波的速度就可以计算出卫星与你的手机之间的距离。

当手机能够接收到来自 4 颗或更多卫星的距离数据时，就可以确定你的位置具体。

这个原理听起来确实简单，但关键在于要把时间测量得非常精准。

如果要把位置精确到 3 米内，就需要把时间测准到亿分之一秒。实现这种精确计时的装置叫作原子钟，它利用电子在两个能级之间跳跃发出的无线电波的频率来计时。

在卫星上，原子钟的精度可以达到几千万年的跨度仅有一秒，在地面上可以达到几十亿年甚至上百亿年的时间也才一秒之差。不远的将来，甚至能实现上千亿年也才一秒之差。

宇宙目前的年龄大约是 138 亿年，如果有一台原子钟从宇宙诞生之初就开始运行到现在，那么它的误差还不足一秒！

星载氢原子钟

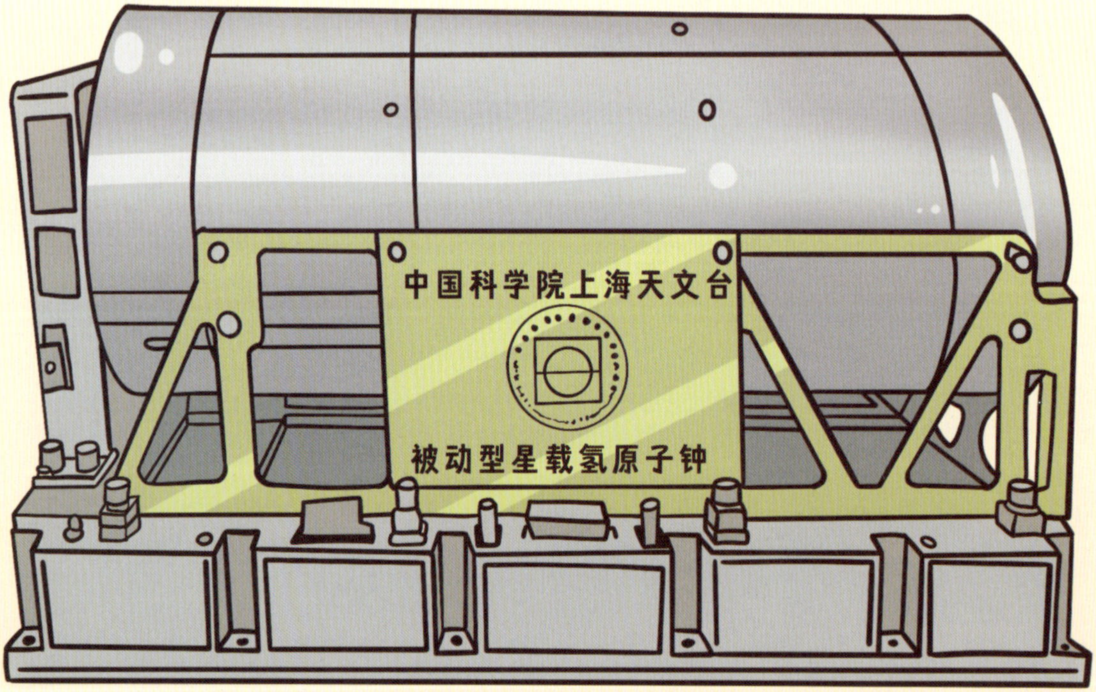

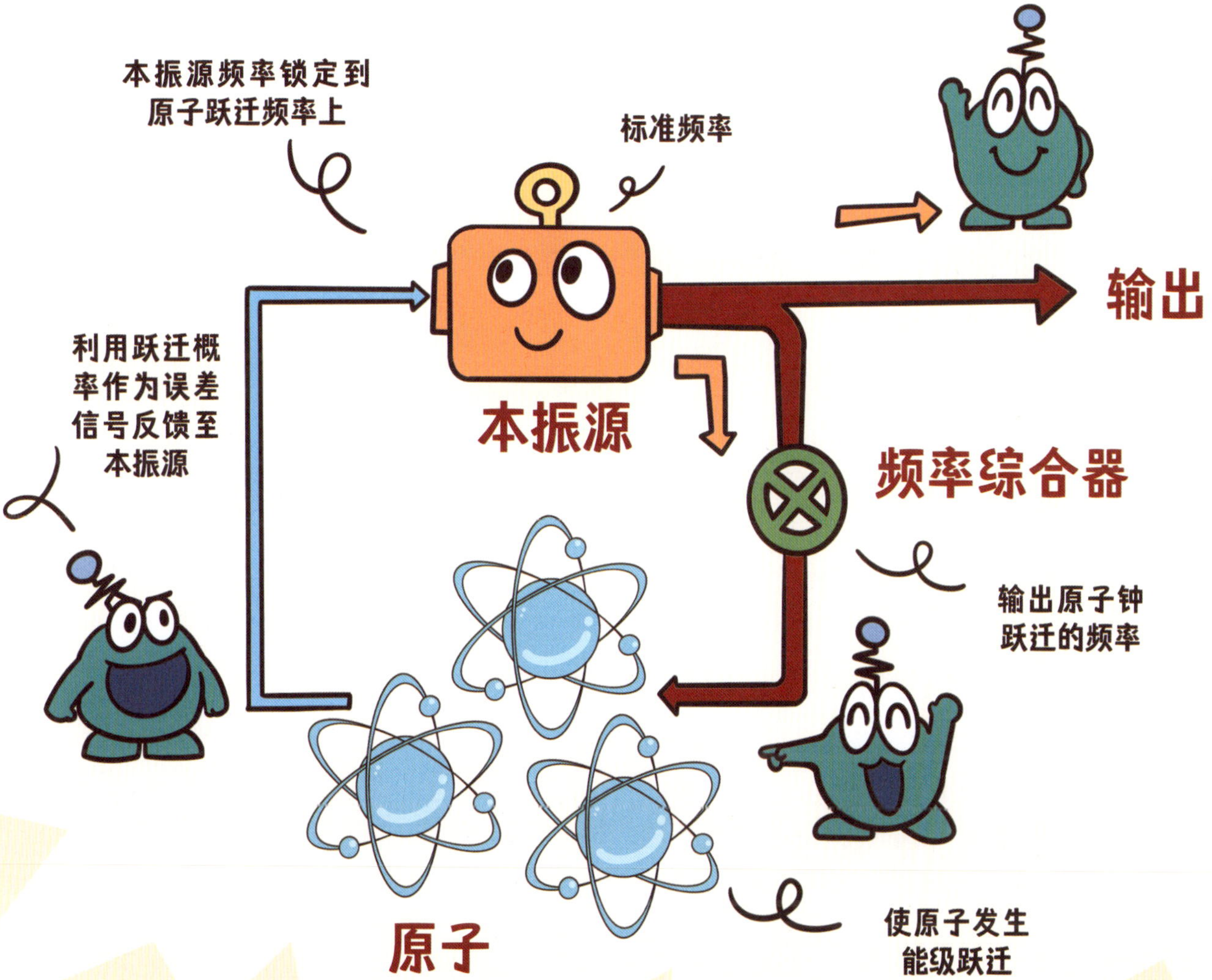

量子精密测量相对来说是比较容易理解的。

但量子信息的另外两个领域，量子通信和量子计算就没那么容易理解了。要明白它们在干什么，就必须对量子力学的基本原理有所了解。

在量子力学的世界中有很多原理，不过用在量子信息中的主要有三个：量子叠加、量子测量、量子纠缠。

量子叠加

量子信息的基本操作单元叫作量子比特，它不像经典比特那样只有 0 和 1 两个状态，而是有无穷多个状态——0 和 1 的无穷多个叠加态。

想象你有两个小球，一个代表“0”，另一个代表“1”。在普通的世界里，一个小球只能代表“0”或“1”对吧？但在量子的世界里，这两个小球可以同时代表“0”或“1”，就像你的小球可以同时以两个身份存在，玩出不一样的花样。这就是“量子叠加”的魔力。

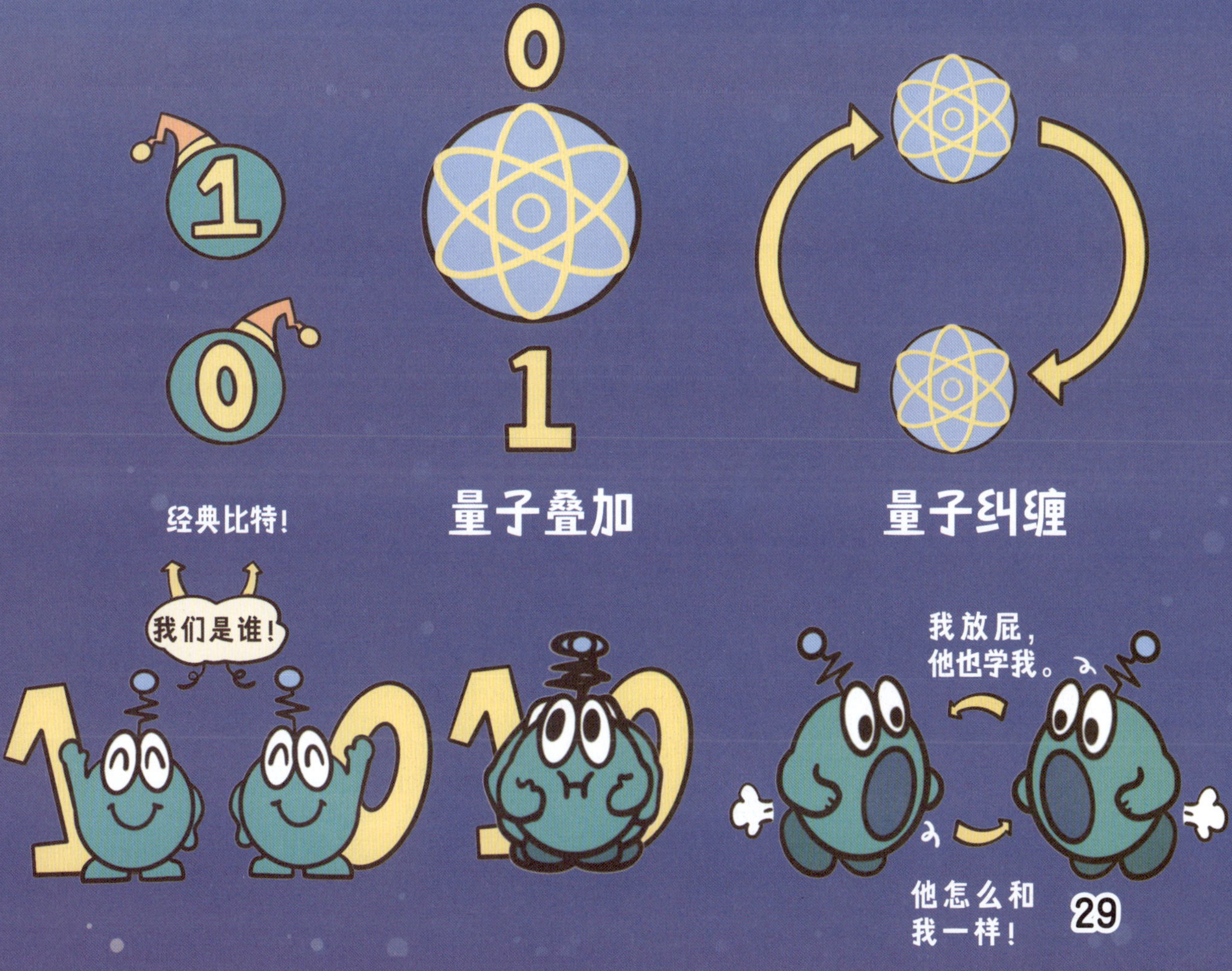

量子测量

量子测量是指当对 0 和 1 的叠加态做测量时，结果不是确定的，而是会以一定的概率得到 0，以一定的概率得到 1。

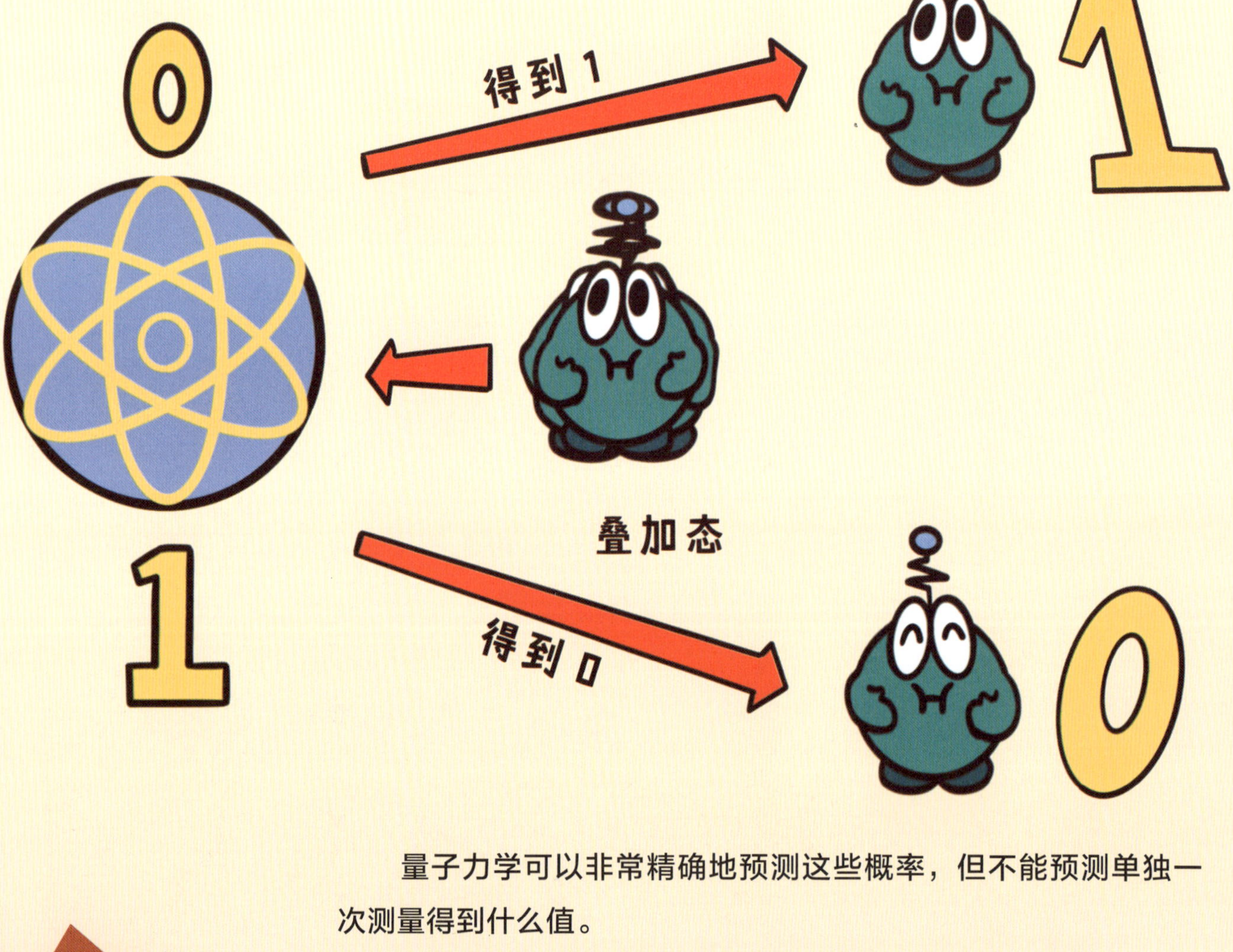

量子力学可以非常精确地预测这些概率，但不能预测单独一次测量得到什么值。

由此可见，世界上存在本质的随机性，它是不可消除的。

薛定谔的猫

关于这两个原理的最著名的思想实验是“薛定谔的猫”。

物理学家薛定谔设想在封闭的盒子里放一只猫和一瓶密封的毒气，毒气的开关由一个随时可能衰变的原子控制。在没有进行观测时，原子处于衰变和没有衰变的叠加态，因此猫也处于死和活的叠加态。一旦观测，原子的状态就确定了，猫的死活也就确定了。

量子纠缠

量子纠缠是这样一种物理现象：我们可以构造一种多粒子体系的特殊状态，称为叠加态。当你测量这些粒子中的任意一个时，得到的结果都是随机的，就像扔硬币一样。但多个粒子的随机结果之间存在确定的关联，例如总是相同，或者总是相反。

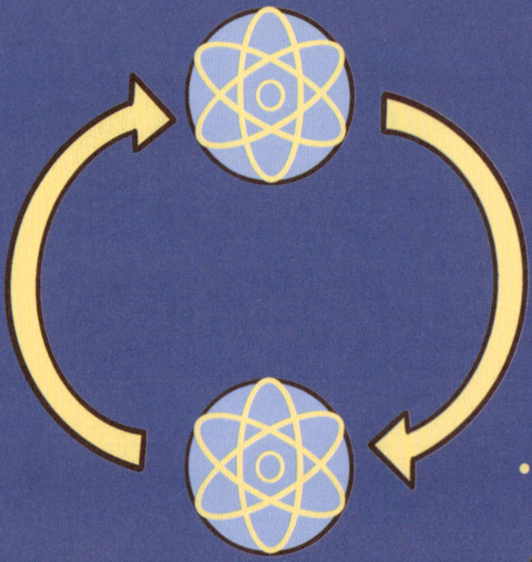

量子纠缠

请注意，这两个元素缺一不可：一是单粒子的测量结果随机；二是随机数之间的关联确定。

经典世界中完全看不到这样的现象，真是太神奇了。

经常有人用这样的例子来解释量子纠缠：

假设有一对手套，分别放在两个箱子里，你和你的朋友各拿一个箱子。当你打开箱子一看发现是左手的手套，那么你立刻就知道你朋友拿的是右手的手套。

但这样的例子其实是错误的，因为在测量之前，手套放在箱子里时，结果就完全确定了。这是经典世界就常有的平凡现象，并不是量子纠缠。

如果用类似的语言来形容，量子纠缠可以比作这样的现象：

有一对手套，它们最初的状态都是不确定的，既不是左手，也不是右手，我们只知道它们相反。把它们分别放在两个箱子里，你和你的朋友各拿走一个箱子。

当你打开你的箱子一看发现是左手手套时，那么你立刻就知道你的朋友拿的是右手的。

但跟经典现象不同的是，从同样的初始状态出发再做一次实验，有可能你拿到的是右手手套，你的朋友拿到的是左手手套！量子纠缠让我们看到了一个变化无穷又奇妙关联的世界。

基于量子力学的三大原理，从 20 世纪 80 年代开始，科学家提出了量子计算的概念。

量子计算的实质是设计某种量子力学的实验，使这种实验的结果对应于某种数学问题，然后我们测量这个实验的结果，就相当于快速解答这个数学问题。

量子计算机和现在我们日常使用的计算机是完全不一样的。我们现在把常规的、成熟的计算机称为经典计算机——这听起来有些滑稽，因为经典计算机的原理归根结底也是量子力学！

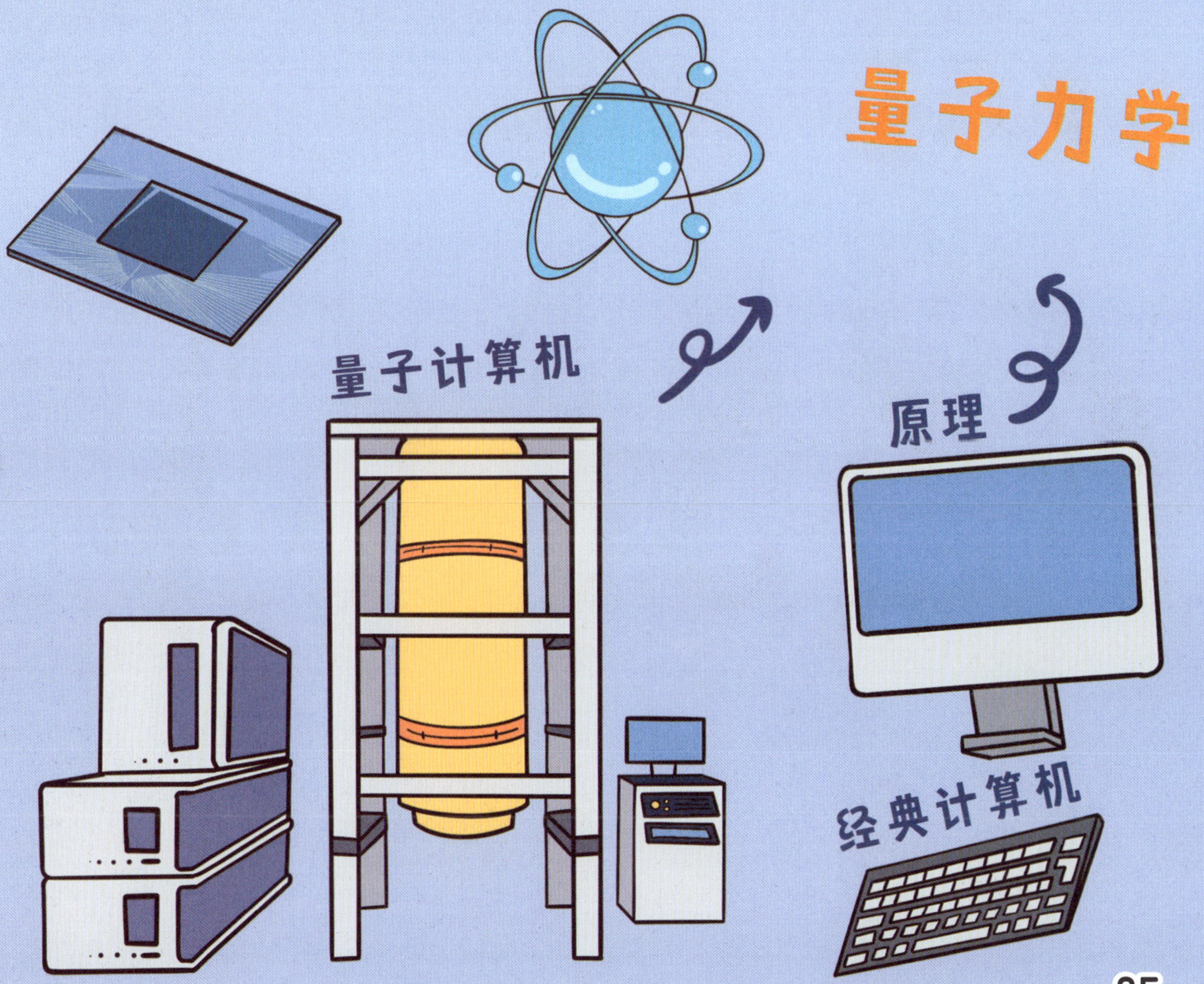

量子计算机有一个超级厉害的特点，对于解决某些数学问题，它可以比经典计算机快得多。例如因数分解，即把 15 分解成 3 乘以 5，或者把 21 分解成 3 乘以 7。

量子计算乍看起来不难，但随着待分解数字位数的增加，其计算量会迅速上升。如对于上千位的数字，目前的计算机分解它需要很长的时间。

有趣的是，有时候因数分解不开会变成一件好事。

现在最常用的密码系统之一叫作 RSA（以三位发明者的姓氏首字母命名），它就是利用因数分解的复杂性来保密的。所以，我们每次进行网络支付或浏览网站时，RSA 密码系统都在默默工作，保护我们的信息不让坏人知道。

1994 年，有一位聪明的数学家肖尔发明了一种量子因数分解算法，极大地降低了因数分解的计算量。

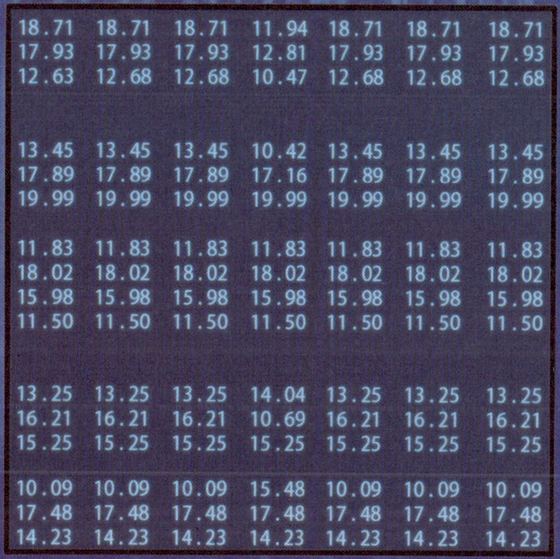

假如有一台量子计算机能够执行这样的算法，而它跟经典计算机同样都是每秒执行一万亿次运算，那么分解一个 300 位的数字，经典计算机需要约 15 万年，量子计算机不到 1 秒；分解一个 5000 位的数字，经典计算机需要约 50 亿年（地球现在的年龄也仅仅约 46 亿年），量子计算机只需要 2 分钟左右！

如果这样的量子计算机被制造出来，那么现在的密码就能在瞬间被破解。

不过量子计算机目前只能分解一些比较小的数，还分解不了上千位的数。

任何有远见的人都能看出，数据安全已经是一个迫在眉睫的问题了。全世界有很多聪明人在夜以继日地研究量子计算，因此早晚都会有所突破，对此置之不理的后果将是灾难性的。

除了破解密码之外，量子计算领域还有很多潜在的应用，如材料设计、新药开发、天气预报、交通管理等。

归根结底，量子计算机的好处就是远超经典计算机的算力。但这种强算力只针对某些特定的问题，如因数分解。对于其他问题，例如最基础的加减乘除，量子计算机就没有任何优势，它不是用来做这些简单工作的。

最后，我们来了解一下量子通信。

其实前面说的量子隐形传态就属于量子通信的一种，不过量子通信中还包括另一个重要技术：量子密码，或者称为量子保密通信。

跟量子隐形传态不同，量子密码是一个已经有数百万用户在广泛使用的技术，而且中国关于这个领域的技术走在世界的前列。

量子密码的效果显著，主要体现在可以实现无条件安全的信息传输。“无条件安全”意味着我们不需要对敌人的计算能力做任何假设。即使敌人有无限的计算能力，他们也无法破解我们的密码！

有了量子密码，我们所担心的量子计算导致的数据安全问题就迎刃而解了。

无论量子计算机进步到什么程度，量子密码都可以像一个无敌的金钟罩一样保护我们的信息安全。因为它可以抵抗所有的计算机攻击，包括量子计算机。

中国于 2016 年发射了“墨子号”卫星，这是世界上第一颗量子科学实验卫星，它在卫星与地面站之间实现了量子保密通信。

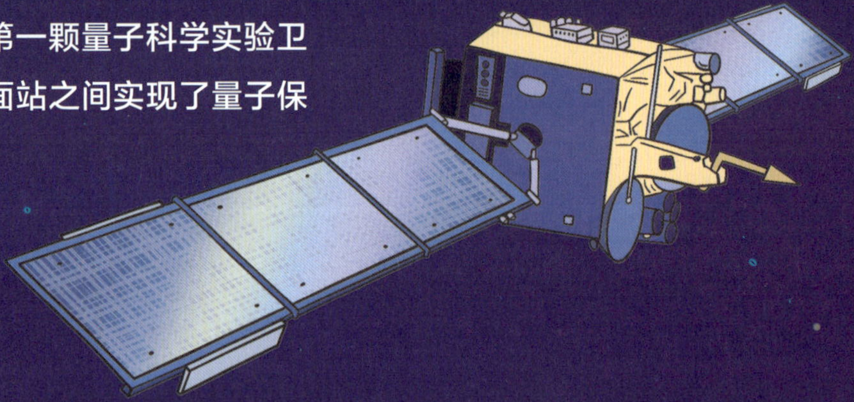

2017 年“京沪干线”开通，这是世界上第一条量子保密通信骨干网，在从北京到上海长达 2000 千米的距离上实现了量子保密通信。两者结合起来，组成天地一体化的量子通信网络。这些都是引领世界的成果，领先欧洲 3 ~ 5 年，领先美国 5 ~ 8 年。

展望未来，或许有一天，将来的人回头看我们的时代，也许会像我们现在看没有手机没有电视的时代一样，感到有点不可思议：你们居然连量子科技都没有，你们是怎么过来的？

再请你想一想，量子科技最大的应用是什么？
最宏大的回答是：
它甚至可能还没被发明出来！
而你，可能就会成为那个做出关键贡献的人。

量子科学史上 10 位标志性人物

德谟克利特

古希腊哲学家，德谟克利特与其老师留基伯共同提出了原子论。

阿尔伯特 · 爱因斯坦

物理学家，因为提出相对论闻名于世，1905 年提出测量原子大小的实验方法，因为对光电效应的解释获得 1921 年诺贝尔物理学奖。1934 年为了质疑量子力学的完备性提出量子纠缠，不料后来量子纠缠却被证明是一种真实的现象。

理查德 · 费曼

美国物理学家，因为与朱利安 · 施温格、朝永振一郎共同提出量子电动力学获得 1965 年诺贝尔物理学奖。在 1981 年的演讲《用计算机模拟物理》中提出量子计算的概念。

马克斯 · 普朗克

德国物理学家，1900 年在对黑体辐射的研究中提出量子概念，因此获得 1918 年诺贝尔物理学奖。

欧内斯特 · 卢瑟福

新西兰（后移居英国）物理学家，1911 年基于 α 粒子散射实验提出原子由原子核与电子组成的模型（即现在最常见的原子模型），因此获得 1908 年诺贝尔化学奖。

沃纳·海森伯

德国物理学家，1925 年提出量子力学的数学理论，因此获得 1932 年诺贝尔物理学奖。

菲利克斯·布洛赫

瑞士和美国物理学家，1928 年与他的博士导师海森伯一起提出能带理论，解释了导电性。1946 年与美国物理学家爱德华·珀赛尔发现核磁共振现象，两人因此获得 1952 年诺贝尔物理学奖。

约翰·贝尔

英国（北爱尔兰）物理学家，提出一种验证量子纠缠的实验方法“贝尔不等式”，如果实验结果违反这个不等式，就说明量子纠缠真实存在。贝尔的本意是希望通过实验证明贝尔不等式成立，即推翻量子力学，支持爱因斯坦，但实验结果跟他的预期正好相反。贝尔没有获得诺贝尔奖，因为他去世太早（1990 年去世），但做贝尔实验证实量子纠缠的三位科学家均获得了 2022 年诺贝尔物理学奖。

安东·塞林格

奥地利物理学家，因为用纠缠光子做实验证实真实世界不满足贝尔不等式，确认量子纠缠的存在，以及实现量子隐形传态，获得 2022 年诺贝尔物理学奖（与法国物理学家阿兰·阿斯佩、美国物理学家约翰·克劳泽共享）。

潘建伟

中国物理学家，在奥地利留学期间参与实现量子隐形传态，回到中国科学技术大学工作后主持发射“墨子号”卫星，开通“京沪干线”，研发“九章”系列量子计算机，把中国的量子信息研究带到了世界先进水平。

小朋友想长大后投身量子科技领域，现在该怎么做呢？

量子科技是一个应用非常广泛的研究领域，涉及数学、物理、化学、电子、计算机等领域的好多知识。

哲学也跟量子有很密切的联系，例如意识是怎么产生的，跟量子有没有关系呢？

因此，从事这个领域，需要非常开阔的视野和非常扎实的理论基础。保持广泛的兴趣，逐步寻找自己最感兴趣的方向，将来就可能在量子科技领域做出贡献。

后记

在这个日新月异的科技时代，每一刻都充满了惊喜与挑战。小朋友们是未来的主人翁，他们充满了对这个世界的好奇心与探索欲。引导小朋友们正确认识科技、理解科技，激发他们对科学的热爱与追求，我们责无旁贷。

正是基于这样的考虑，我欣然接受了湖南科学技术出版社与我的老朋友——《中国日报》张周项记者的邀请，为《我是未来科学家》系列绘本担任主编。作为《第一推动丛书》的出版者，湖南科学技术出版社在我国科普界具有崇高的声誉。希望我们这套绘本，也能配得上这份历史性的声誉，甚至对它有所增益。

我为这套绘本做的第一件事，是跟邹莉编辑与张周项记者等人商定 10 个前沿领域主题。太空探索、人工智能、基因编辑、新能源、脑科学、芯片、种子……都是引人入胜而且对现实十分重要的新兴科技。当然，还有我最熟悉的量子信息。

我为这套绘本做的第二件事，是努力为本系列的各个主题邀请到相应领域的资深专家执笔。

例如复旦大学生命科学学院退休教授顾凡及先生，是我十分尊敬的科研界与科普界老前辈。他在退休后做了大量的脑科学科普，而且从不人云亦云，对许多热门消息发表过冷思考，如欧盟的人脑计划与马斯克的神经联结公司。最有趣的是，他的这些冷思考多次得到事实的验证。因此由他来担纲解读脑机接口，在质量上就有天然的保证。

又如我的中国科学技术大学师弟——中国科学院国家空间科学中心研究员周炳红博士，他是真正的航天专家，尤其是在火箭推进剂方面。他关于推进剂在失重条件下流动性的研究，对“长征五号”复飞有重要贡献。他和李明涛等同事还研究小行星防御，提出了“以石击石”的新型战略，引起国内外很多媒体的轰动。与此同时，周炳红老师也十分热爱科普，入选了“中国航天科普大使”。实际上，他的科普工作从一开始就是跟我一块做的。由他来解读太空探索，自然再合适不过。

由于篇幅关系，无法在这里对每一位作者都做详细的介绍。但我们可以确定，每一位作者在相应的领域都是响当当的专家。这是我们这套绘本最大的底气所在，是值得向所有人推荐的。

我为这套绘本做的第三件事，是自己作为作者，撰写量子科技分册。在此，我要特别感谢张周项记者，他不但自告奋勇地担任了这套绘本的执行主编，还组织了一支优秀的插画团队。书中的插图既准确又生动，表明他们确实下了很大的工夫来理解量子信息这样深奥的科技，令人十分动容！

每一个领域的专家，其实都能够下笔万言。但为了让小朋友轻松阅读、高效吸收，我们精心将每册内容凝练至适宜篇幅，并融入大量生动有趣的插图。此外，每一册最后都会列出九至十位在此领域做出重要贡献的科学家，还有一个问答：如果你想成为这个领域的科学家，你该怎么办？希望这些编排，能够激发更多小朋友对科技的热情。

《我是未来科学家》系列绘本，是我们为小朋友精心准备的一份礼物。希望通过这套绘本的陪伴与引导，小朋友们能够更加勇敢地面对未知，更加积极地探索世界，成为未来科技的引领者与创造者。让我们一起点亮未来之光，探索科技的无限可能吧！

袁岚峰

图书在版编目（CIP）数据

我是未来科学家. 不可限量的微观秘境 / 袁岚峰主编、著. -- 长沙 : 湖南科学技术出版社, 2024. 12.

ISBN 978-7-5710-3313-2

Ⅰ. Z228.1; 04-49

中国国家版本馆 CIP 数据核字第 20243QH991 号

WO SHI WEILAI KEXUEJIA BUKEXIANLIANG DE WEIGUAN MIJING

我是未来科学家 不可限量的微观秘境

主　　编：袁岚峰

执行主编：张周项

著　　者：袁岚峰

绘　　者：大　鱼

出 版 人：潘晓山

责任编辑：邹　莉　刘羽洁

出版发行：湖南科学技术出版社

社　　址：长沙市芙蓉中路一段 416 号泊富国际金融中心

网　　址：http://www.hnstp.com

湖南科学技术出版社天猫旗舰店网址：

http://hnkjcbs.tmall.com

邮购联系：本社直销科 0731-84375808

印　　刷：长沙市雅高彩印有限公司

（印装质量问题请直接与本厂联系）

厂　　址：长沙市开福区中青路 1225 号

邮　　编：410153

版　　次：2024 年 12 月第 1 版

印　　次：2024 年 12 月第 1 次印刷

开　　本：889 mm×1230 mm　1/16

印　　张：3.25

字　　数：23 千字

书　　号：ISBN 978-7-5710-3313-2

定　　价：35.00 元